100

faszinierende Tatsachen

ALTES ROM

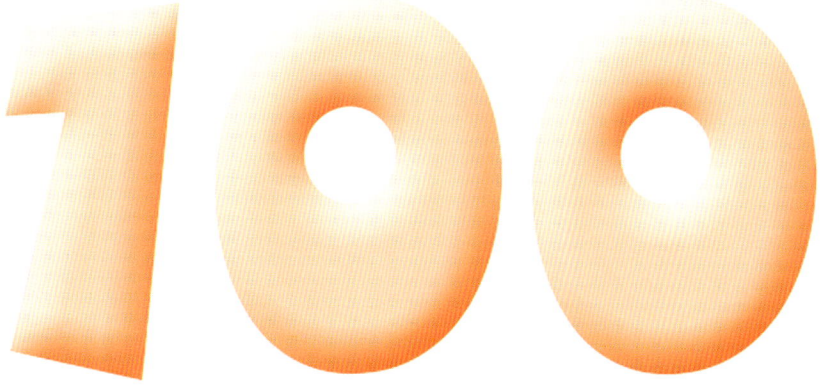

100
faszinierende Tatsachen
ALTES ROM

Jane Walker

Berater: Richard Tames
Übersetzt von Wiebke Krabbe

XENOS

DANKSAGUNG

Der Herausgeber dankt den folgenden Künstlern für ihre Mitarbeit
an diesem Buch:

Chris Buzer / Studio Galante   Andy Lloyd-Jones / Allied Artists
Mark Davis / Mackerel   Janos Marffy
Nicholas Forder   Roger Payne / Linden Artists Ltd
Mike Foster / Maltings Partnership   Eric Rowe / Linden Artists Ltd
Terry Gabbey / AFA   Martin Sanders
Luigi Galante / Studio Galante   Peter Sarson
Peter Gregory   Rob Sheffield
Brooks Hagan / Studio Galante   Francesco Spadoni / Studio Galante
Steve Hibbick / S.G.A.   Roger Stewart
Richard Hook / Linden Artists Ltd   Rudi Vizi
John James / Temple Rogers   Mike White / Temple Rogers

Cartoons von Mark Davies / Mackerel

ISBN 3-8212-2579-3
© by XENOS Verlagsgesellschaft mbH,
Am Hehsel 40, 22339 Hamburg
Satz: Rüdiger Mohrdieck
Die Originalausgabe erschien 2001 bei
Miles Kelly Publishing Ltd,
Bardfield Centre, Great Bardfield, Essex, CM7 4SL
unter dem Titel
100 things you should know about Ancient Rome
Copyright © Miles Kelly Publishing 2001
Printed in Italy

Inhalt

Das Herz eines Kaiserreichs 6

Die Hauptstadt 8

Stadtleben 10

Einkaufen 12

Essen und trinken 14

Der Schulalltag 16

Vater hat das Sagen 18

Römische Mode 20

Gut aussehen 22

Badefreuden 24

Spaß und Unterhaltung 26

Das Spiel kann beginnen 28

Die Regierung 30

Das Heer 32

Von Rom beherrscht 34

Leben auf dem Land 36

Sklavenarbeit 38

Wertvolles Wissen 40

Gebete und Opfer 42

In Bewegung 44

Rom wird ausgegraben 46

Register 48

Das Herz eines Kaiserreichs

1 **Rom ist eine Stadt mitten in Italien, die früher über das mächtigste Imperium der Erde herrschte.** Ein Imperium ist das Reich eines einzigen Herrschers, das viele Länder umfasst. Um 1000 v. Chr. entstand Rom als Dorf aus Holzhütten. Bald wurde es reich und mächtig. Es war eine belebte, geschäftige, laute und aufregende Stadt mit schönen Bauten. Um 200 v. Chr. beherrschten die Römer fast ganz Italien und begannen Nachbarländer zu erobern. Schließlich reichte das Römische Reich von Schottland bis in die Türkei.

Die Hauptstadt

2 **Mehr als eine Million Menschen lebten in Rom.** Um 300 n. Chr. war es die größte Stadt der Erde. Die Bürger durften wählen und in die Armee eintreten. Wer kein Bürger war, hatte diese Rechte nicht. Reiche Adlige und Ritter führten die Regierung. Die einfachen Leute, Plebejer genannt, waren oft recht arm, aber sie waren Bürger der Stadt. Die Sklaven waren keine Bürger. Sie hatten keine Rechte und mussten bei ihren Besitzern bleiben.

3

Das Forum war der Regierungsbezirk im Zentrum Roms. Hier traf man sich mit Freunden und Geschäftspartnern, um über Politik zu diskutieren und berühmten Rednern zuzuhören, die unter freiem Himmel sprachen. Das Forum war ein großer Platz, umgeben von Bürogebäuden und Gerichten.

5

Die Römer waren große Wasser-Baumeister. Sie entwickelten Aquädukte – erhöhte Wasserleitungen, die das Wasser von den entlegenen Bergen in die Stadt beförderten. Reiche Römer hatten in ihren Häusern Bleirohre mit fließendem Wasser. Die einfachen Leute mussten ihr Wasser von den öffentlichen Brunnen holen.

6

Rom hatte auch ein Abwassersystem. Das war wichtig, denn die Stadt war sehr voll. Ohne die Kanalisation hätten sich schnell Krankheiten und Seuchen ausgebreitet. Die Cloaca Maxima war der größte Abwasserkanal. Sie war so groß, dass ein Pferdewagen hindurchfahren konnte.

4

Rom war eine gut geschützte Stadt. Eine 50 Kilometer lange Steinmauer hielt Angreifer fern. Nur durch eines der 37 Tore, die von Soldaten und Wächtern gesichert wurden, gelangte man in die Stadt.

KAUM ZU GLAUBEN!

In Rom gab es sogar öffentliche Toiletten. Die waren zwar praktisch, aber man saß dort ohne Trennwände direkt nebeneinander.

Stadtleben

7 **Die Römer bauten die ersten Hochhäuser.** In Ostia, einem geschäftigen Hafen bei Rom, lebten viele Menschen, die mit dem Handel zu tun hatten, etwa Schiffbauer und Geldwechsler. Sie lebten in Wohnblocks, die man „insulae" nannte. Diese Blocks hatten meist drei oder vier Stockwerke und Hunderte von kleinen, schmutzigen und überfüllten Räumen.

8 **Reiche Römer hatten mehrere Häuser.** Vor allem im Sommer war es in der Stadt schmutzig, heiß und stickig. Darum kauften sie ein Haus direkt am Stadtrand (eine „villa urbana") oder ein Haus inmitten von Weiden und Feldern auf dem Lande (eine „villa rustica").

9 **In vielen römischen Häusern gab es ein Wasserbecken, aber nicht zum Baden.** Diese Becken inmitten von Statuen und Pflanzen in den Innenhöfen der großen römischen Häuser waren nur Dekoration. In manchen gab es einen Springbrunnen, andere waren mit Mosaiken ausgelegt – Bildern aus vielen kleinen Steinchen oder Glasstückchen.

EIN MOSAIK AUS PAPIER

Du brauchst:

ein großes Stück Papier   Schere
Bleistift   Klebstoff
Reste von buntem und gemustertem Papier

• Zeichne die Umrisse deines Motivs auf das große Blatt Papier. Überlege, welche Farben du für die verschiedenen Teile benutzen willst.

• Schneide aus den Papierresten viele kleine Quadrate von ungefähr gleicher Größe. Schneide das Papier dazu erst in Streifen, die dann in kleine Vierecke geschnitten werden.

• Klebe die kleinen Quadrate entlang den Umrissen deines Motivs auf das große Blatt Papier.

10 Reiche Familien hatten warme Füße, weil sie eine Fußbodenheizung besaßen. Unter dem Boden gab es Hohlräume, durch die warme Luft strömte. Sklaven hackten das Holz und versorgten das Feuer, das die Luft erwärmte.

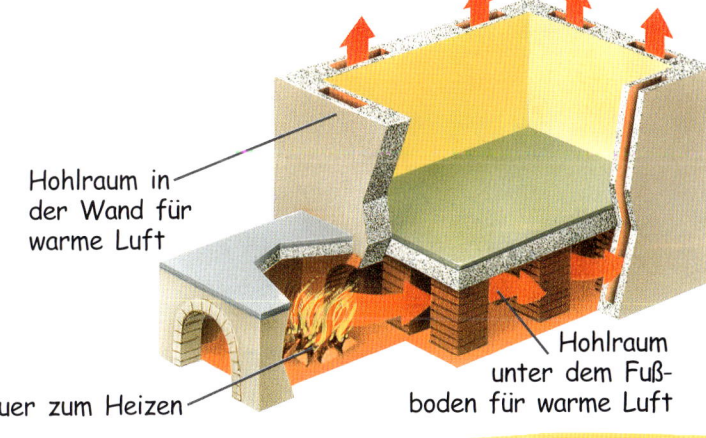

Hohlraum in der Wand für warme Luft

Feuer zum Heizen

Hohlraum unter dem Fußboden für warme Luft

11 Rom hatte eine eigene Feuerwehr. Sie bestand aus 7000 befreiten, gut ausgebildeten Sklaven. Einfache Familien konnten sich keine Zentralheizung leisten. Sie zündeten Feuer in großen Tonschalen an, und dabei gerieten oft Häuser in Brand.

Einkaufen

12 **Rom besaß das erste Einkaufszentrum der Welt – den Trajansmarkt.** Er erstreckte sich über fünf Ebenen am Hang des Quirinal-Hügels im Zentrum Roms. Dort gab es eine große Markthalle und mehr als 150 Geschäfte.

13 **Die Römer handelten gern.**
Die Preise standen nicht fest und wurden
verhandelt, bis man sich einig war.

RÖMISCHE MASSEINHEITEN

Die Römer hatten andere
Maßeinheiten als wir heute. Hier
kannst du einige kennen lernen:

Ein „pes" waren 29 cm.
Wenn du 1 m 16 cm groß bist –
wie groß wärst du
in römischem Maß?

Eine römische „libra" entspricht
327 Gramm. Probiere aus, wie viele
libra dein Lieblingsspielzeug wiegt.

Ein „sextarius" sind 550 ml.
Wie viele davon passen in einen
Kochtopf?

14 **Wer einkaufen wollte, musste früh auf-
stehen.** Viele Märkte und Geschäfte schlossen mittags.
Auch waren die Wege weit, denn die verschiedenen
Waren wurden in unterschiedlichen Stadtteilen verkauft.

Essen und trinken

15 Die meisten Römer aßen tagsüber nur wenig. Zum Frühstück gab es Brot und Wasser, zum Mittag ein leichtes Essen aus Brot, Käse oder Obst. Die Hauptmahlzeit nahmen sie gegen 4 Uhr nachmittags ein. In reichen Familien gab es oft drei Gänge und die Mahlzeit konnte bis zu drei Stunden dauern. Arme Leute aßen einfachere Gerichte wie Suppen aus Linsen und Zwiebeln, Gerstengrütze, Erbsen, Kohl und zähes, preiswertes Fleisch, das in Essig gekocht wurde.

16

Nur reiche Römer hatten eine eigene Küche. Sie konnten sich leisten, einen Koch und Sklaven als Küchenhelfer zu beschäftigen. Einfache Leute aßen ihre Hauptmahlzeit in „popinae" (Imbiss-Stuben) oder kauften fertige Speisen an Straßenständen.

17

Bei Festen aßen die Römer im Liegen. Männer und Frauen legten sich auf Sofas, die um einen Tisch standen. Ehe sie ins Esszimmer gingen, zogen sie ihre Sandalen aus. Neun galt als ideale Zahl der Teilnehmer, viele Familien hatten aber mehr Gäste.

Römisch kochen

Patina de Piris (Birnenauflauf)
Zutaten:

1 kg Birnen (geschält und entkernt)
etwas Öl   6 Eier (verschlagen)
eine Prise Salz   4 Essl. Honig
1/2 Tl. Kumin   etwas gemahlenen Pfeffer

Lass dir beim Kochen von einem Erwachsenen helfen.
Die Birnen werden zusammen mit dem Pfeffer, dem Kumin, dem Honig und etwas Öl zerdrückt. Die verschlagenen Eier unterrühren und in eine Auflaufform geben. Im Backofen bei mittlerer Hitze etwa 30 Minuten backen. Vor dem Servieren mit etwas Pfeffer bestreuen.

▼ Bei römischen Festen servierte man Muscheln, Braten, Eier, Gemüse, frisches Obst, Gebäck und mit Honig gesüßten Wein. Die Römer liebten scharf gewürzte Speisen, aber auch Süßsaures.

Der Schulalltag

18 **Römische Jungen lernten das Reden.** In römischen Schulen wurden drei Fächer gelehrt: Lesen, Mathematik – und öffentliches Reden. Das brauchten die Jungen für ihre spätere Karriere. Zeitungen und Fernsehen gab es nicht. Darum hielten Politiker, Heerführer und Regierungsvertreter öffentliche Reden, um den Menschen ihre Pläne und Ziele zu erklären. Jungen gingen im Alter von etwa 7 bis 16 Jahren in die Schule.

▼ Römische Schuljungen üben lesen. Ihr Lehrer ist ein Sklave.

19 **Römische Mädchen gingen nicht in die Schule.** Sie blieben meist zu Hause und lernten von ihren Müttern oder von Sklavinnen kochen, weben, Kinderpflege und andere Haushaltsaufgaben. Töchter reicher Eltern oder Kaufmannsfamilien lernten auch lesen, schreiben und Buchhaltung.

▼ Ein Mädchen lernt die Lyra zu spielen.

20 **Viele der besten Lehrer waren Sklaven.** Oft kamen die Privatlehrer aus Griechenland. Reiche Leute kauften sie, um ihren Söhnen eine gute Bildung zu geben. Die Griechen hatten eine lange Tradition im Lernen und die Römer bewunderten das.

21

Die Römer schrieben viel – aber nicht auf Papier. Für Briefe benutzten sie dünne Holzplatten. Notizen schrieben sie auf Holz, das mit Wachs überzogen war und immer wieder neu beschrieben werden konnte. Wichtige Dokumente, die aufbewahrt werden sollten, schrieb man auf gereinigtes, geschliffenes Kalbsleder („vellum") oder auf Papyrus.

Tintenfass
Federn
Griffel für die Wachsplatte
Wachsplatte

22

Römische Tinte bestand aus Ruß. Für schwarze Tinte mischten die Römer den Ruß von Holzfeuern mit Essig und einem klebrigen Harz, das aus der Rinde von Bäumen austrat.
Manche römischen Schriftstücke sind fast 2000 Jahre lang erhalten geblieben.

23

In Rom gab es viele Bibliotheken. Manche waren für jedermann geöffnet, andere gehörten reichen Familien und befanden sich in ihren Häusern. Es war Mode, Schriftsteller zu unterstützen und ihre Werke zu sammeln.

24

Viele Römer lasen im Stehen, weil das einfacher war. Es brauchte viel Übung, bis man Papyrusrollen lesen konnte, die oft 10 Meter lang waren. Beim Lesen hielt man die Rolle in der rechten Hand und in der linken einen Stock. So konnte man immer ein kleines Stück zur Zeit abrollen.

SO SPRACHEN DIE RÖMER

Die Sprache der Römer nennt man Latein. Sie ist die Grundlage vieler moderner Sprachen. Hier kannst du einige Wörter lernen.

liber = Buch   epistola = Brief
bibliotheca = Bibliothek
vellum = Kalbsleder
stylus = Griffel
(zum Schreiben auf Wachsplatten)
librarii = Sklaven,
die in einer Bibliothek arbeiten
grammaticus = Lehrer
paedagogus = Privatlehrer

Vater hat das Sagen

25 **Ein römischer Vater bestimmte in seiner Familie über Leben und Tod.** Nach römischem Gesetz musste jeder Familie ein Mann vorstehen. Dieser „pater familias" (Vater der Familie) war meist der älteste Mann. Ihm gehörte das Haus und der ganze Besitz, und er hatte das Recht, andere Familienmitglieder zu bestrafen. Sogar seine Mutter und andere ältere Frauen der Familie mussten ihm gehorchen.

▲ Die Römer schenkten ihren Babys solche Glücksbringer, die man „bulla" nannte.

26 **Zu einer römischen Familie gehörten nicht nur Blutsverwandte.** Für die Römer umfasste die Familie alle, die in einem Haushalt lebten und arbeiteten. Das waren das Ehepaar mit den Kindern, aber auch verschiedene Sklaven und Diener.

▲ Eine römische Hochzeit: in der Mitte Braut und Bräutigam, hinter ihnen eine Priesterin

KAUM ZU GLAUBEN!

Die Römer haben den Valentinstag erfunden: An „Lupercalia" zogen Jungen aus einem Gefäß den Namen des Mädchens, mit dem sie für ein Jahr befreundet sein sollten.

27 **Söhne wurden mehr geschätzt als Töchter.** Jungen konnten, wenn sie groß waren, den Namen der Familie weitertragen. Sie konnten durch Leistungen in Regierung, Politik oder Armee der ganzen Familie Ruhm und Ehre bringen. Sie konnten sich mit mächtigen Personen anfreunden oder reich heiraten.

28 **Für römische Mädchen war die Kindheit kurz.** Das Gesetz erlaubte, dass sie mit 12 Jahren heirateten, und viele hatten mit 15 Jahren schon Kinder. Die Mädchen konnten nicht selbst entscheiden, wen sie heirateten. Vor allem reiche Familien sprachen die Heiraten ihrer Töchter ab, um politische Macht zu gewinnen oder bessere Geschäfte zu machen. Liebe spielte dabei keine Rolle.

29 **Römische Familien hielten gern Haustiere.** Statuen und Gemälde zeigen oft Kinder, die mit Tieren spielen. Hunde, Katzen und Tauben waren beliebt, aber auch Zierfische und zahme Rehe.

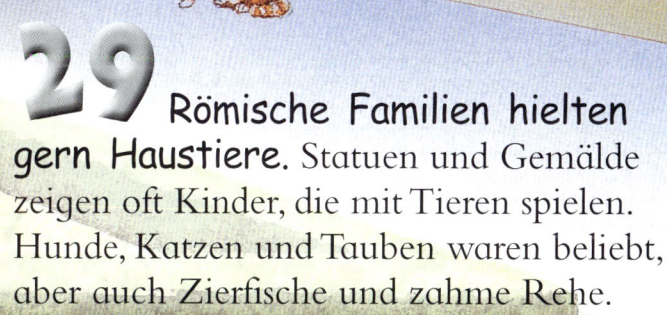

Römische Mode

30 Die meisten Kleidungsstücke hatten keine Nähte. Männer und Frauen trugen lockere Gewänder, die aus langen Stoffstreifen bestanden. Sie wurden um den Körper geschlungen und mit Nadeln, Broschen oder Gürteln festgehalten. Die Frauenkleidung bestand aus der „tunica", einem dünnen Unterkleid, der „stola", einem ärmellosen Überkleid und der „palla", einem Umhang. Männer trugen eine knielange Tunika, das „colobium", und darüber die „toga", einen halbkreisförmigen Umhang.

▲ Goldbrosche

▲ Violett gefärbte Stoffe waren teuer, nur die ganz Reichen konnten sie sich leisten. Römische Senatoren trugen einen violetten Streifen auf ihrer Toga.

31 An der Kleidung erkannte man, wie wichtig jemand war. Einfache Männer trugen eine schlichte, weiße Toga. Die Senatoren der Regierung trugen in der Öffentlichkeit eine Toga mit einem violetten Streifen am Rand. Reiche Leute besaßen Kleidung aus glatter, feiner Wolle oder Seide. Die Kleidung der einfachen Menschen war viel simpler.

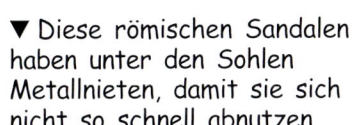

◀ Dieser keltische Krieger aus Nordeuropa trägt auf dem Körper eine Kriegsbemalung. Die Farbe dafür gewann man aus der Pflanze Färberwaid.

32 Die Kleidung verriet auch, woher jemand kam. In den Ländern, die von Rom regiert wurden, lebten Menschen aus verschiedenen Kulturen und Völkern. Sie trugen ganz unterschiedliche Kleidung. Männer aus Ägypten trugen Perücken und kurze Leinenröcke. Keltische Frauen aus Nordeuropa trugen lange Wollschals in farbenfrohen Karomustern. Die keltischen Männer trugen Hosen.

EIN RÖMISCHES GEWAND

Möchtest du selbst eine Toga anprobieren?

Bitte zuerst einen Erwachsenen um ein Bettlaken oder eine dünne Decke – am besten in Weiß, wie bei den Römern.

Lege das Laken über die linke Schulter, dann ziehe den Rest hinter dem Rücken entlang.

Leg das Laken um deinen Bauch, so dass du darin eingewickelt bist. Das war schon fast alles.

Nun leg noch das lose Ende über deinen rechten Arm. Perfekt: Jetzt hast du eine römische Toga.

▼ Diese römischen Sandalen haben unter den Sohlen Metallnieten, damit sie sich nicht so schnell abnutzen.

33 Römische Stiefel waren sehr stabil. Soldaten und Reisende trugen Schnürstiefel mit dicken Ledersohlen, die mit Metallnieten besetzt waren. Im Haus trug man lockere Schuhe, die „socci". Die Schuhe der Bauern hießen „carbatinae" und bestanden aus einem Stück Leder, das um den Fuß geschlungen wurde. „Crepidae" waren bequeme, vorn offene Sandalen.

Gut aussehen

34 Genau wie heute änderten sich auch bei den Römern die Frisurmoden. Alle freien Römerinnen trugen lange Haare, denn kurze Haare waren das Kennzeichen der Sklavinnen. Anfangs trug man ganz schlichte Frisuren. Später glätteten die meisten Römerinnen ihre Haare und banden sie fest zusammen. Die römischen Männer trugen meist kurze Haare und keinen Bart – außer wenn sie alt waren.

◄ Reiche Römerinnen brauchten viel Zeit zum Frisieren. Die kunstvollen Frisuren steckten sie mit Haarnadeln aus Elfenbein fest.

35 Die Römer schminkten sich. Glatte, helle Haut galt als besonders schick. Viele Frauen und manche Männer verdeckten Pickel mit kleinen Stoffstückchen, „splenia" genannt. Aus zerriebener Kreide stellten sie Puder her, Rotocker (eine krümelige Erde) diente als Rouge, Pflanzensaft als Lippenstift und Holzasche oder zerriebenes Antimon (ein silbriges Metall) als Augenschminke.

36

Blondes Haar war sehr beliebt. Aber die meisten Römer wurden mit dunklen, lockigen Haaren geboren. Feines, naturblondes Haar war sehr ungewöhnlich. Die römischen Frauen bleichten ihre Haare mit Essig und Lauge, einer frühen Form von Seife, die aus Holzasche und Urin bestand.

37

Der Besuch beim Barbier war sehr schmerzhaft. Die Römer kannten noch keine scharfen Scheren und Rasierapparate. Haare und Bärte wurden mit einer Schafs-Schere geschnitten. Und als ein glatt rasiertes Kinn in Mode war, zupfte man die Barthaare mit der Wurzel aus – eins nach dem anderen.

QUIZ

Wenn du dich als Römer verkleidest, was ziehst du an? Nimm die Informationen auf diesen Seiten zu Hilfe und zeichne die Kleider, die du brauchst. Zeichne auch deine Frisur. Bist du ein reicher Senator, ein keltischer Krieger oder ein Soldat?

38

Die Römer mochten Düfte. Mit Olivenöl, das aus den zerdrückten Früchten des Olivenbaums gewonnen wird, reinigten und pflegten sie die Haut. Die Zutaten für Parfüms kamen aus verschiedenen Ländern: Blüten aus Südeuropa, Gewürze aus Afrika und Indien, duftende Rinde und Harze aus Arabien.

Olivenöl

Sternanis für Parfüm

Blüten für Parfüm

Rinde für Parfüm

Oliven

Safran als Augenschminke

Asche als Augenschminke

Parfümflasche aus Onyx, einem schwarzen Edelstein

39

Römische Kämme bestanden aus Knochen, Elfenbein oder Holz. Wie heutige Kämme wurden sie zum Glätten und Entkletten der Haare benutzt und manchmal auch als Schmuck getragen. Vor allem aber brauchte man sie, um Läuse und Nissen aus den Haaren zu kämmen.

Badefreuden

40 Die Römer gingen in die öffentliche Badeanstalt, um sich zu entspannen. Die großen Gebäude dienten nicht nur der Reinigung, sie waren auch Fitness-Center und Treffpunkt. Man konnte Ringkämpfen zusehen, selbst Übungen machen, sich massieren oder die Haare schneiden lassen. Man konnte duftende Öle und Parfüms kaufen, ein Buch lesen und sogar eine Kleinigkeit essen.

▼ In den meisten Stadtteilen Roms gab es öffentliche Bäder. Kaiser oder reiche Bürger ließen sie als Geschenk an die Bürger bauen. Besonders schön waren die Bäder von Caracalla (eröffnet um 215 n. Chr.), die Platz für 1600 Badegäste hatten.

Im „frigidarium" lag das kälteste Becken.

41 Familien gingen nicht gemeinsam baden. Sogar Ehemänner und Ehefrauen badeten getrennt. Die Frauen gingen meistens morgens ins Bad, wenn die Männer bei der Arbeit waren. Die Männer besuchten das Bad am Nachmittag.

Das Wasser im „tepidarium" war lauwarm.

KAUM ZU GLAUBEN!

Obwohl die Römer gern badeten, besuchten sie die Bäder nur alle neun Tage.

Das heiße Bad nannte man „caldarium".

Mit Feuern wurde das Wasser geheizt.

42 Baden war kompliziert. Ein Bad nach römischer Art bestand aus mehreren Bereichen. Nach dem Ausziehen saß man zuerst eine Weile in heißem Dampf. Dann ging man in einen heißen, trockenen Raum, in dem ein Sklave Schweiß und Schmutz mit Olivenöl und einem Metallschaber von der Haut entfernte. Zum Abkühlen sprang man in ein lauwarmes Becken, danach folgte ein eiskaltes Bad.

Spaß und Unterhaltung

43 Die Römer liebten Musik und Tanz. Auf den Straßen spielten Gruppen von Musikanten, die man auch zu Festen anheuern konnte. Einfache Leute schätzten Flöten, Zimbeln, Kastagnetten und Hörner. Reiche, gebildete Römer fanden diese laute Musik gewöhnlich. Sie bevorzugten den leiseren Klang der Lyra, mit der Sänger und Dichter begleitet wurden.

▲ Römische Musiker spielen auf der Straße.

Die Bühnenbilder waren aufwändig. Sie wurden mit einem komplizierten Mechanismus bewegt.

Bühne oder „pulpitum"

44 Die römischen Theaterbesucher mochten lieber Komödien als Tragödien. Komödien bringen die Zuschauer zum Lachen und gehen gut aus. Tragödien sind ernster und sie enden oft mit Leid und Trauer. Die Römer liebten auch Clowns. Sie erfanden die Pantomime – eine Geschichte, die ohne Worte nur durch Gesten, Akrobatik und Tanz erzählt wird.

45 Theater-Aufführungen gehörten ursprünglich zu religiösen Festen. Die meisten Stücke erzählen von alten Legenden und Mythen. Sie sollten die Menschen zum Nachdenken anregen. Später schrieb man Stücke über verschiedene Themen, auch über Politik. Manche Stücke wurden von Politikern in Auftrag gegeben. Sie verschenkten die Eintrittskarten an die Bürger, um Wählerstimmen zu gewinnen.

◄ Im römischen Theater wurden alle Rollen von Männern gespielt. Für Frauenrollen trugen sie Masken und Kostüme. Frauen konnten nicht Schauspieler werden, aber sie durften in Pantomimen mitspielen.

46 Die Theater waren große, kunstvolle Bauten. Ein sehr gut erhaltenes Theater mit 10 000 Sitzplätzen steht in Orange in Südfrankreich. Es ist so geschickt gebaut, dass man auch in der letzten Reihe die Stimmen der Darsteller noch gut hören kann.

47 Alle römischen Schauspieler trugen geschnitzte Masken aus Holz. So waren in den großen Theatern die Charaktere besser zu erkennen. Auf die Masken waren übertriebene Gesichtsausdrücke gemalt. Manche sahen fröhlich aus, andere traurig oder Furcht erregend.

48 Glücks- und Geschicklichkeitsspiele waren sehr beliebt. Kinder und Erwachsene spielten Brett- und Würfelspiele, bei denen man schnell denken musste, und das Knöchelspiel, für das man geschickte Finger brauchte. Die Erwachsenen schlossen auch Wetten auf die Sieger ab.

KAUM ZU GLAUBEN!
Manche römischen Schauspieler waren so berühmt wie heutige Filmstars. Frauen durften nicht in der Nähe der Bühne sitzen, damit sie sich nicht mit ihnen verabreden konnten.

Das Spiel kann beginnen

49 Die Römer bewunderten die Kraft, den Mut und die Geschicklichkeit der Gladiatoren. Die aber hatten ein kurzes Leben und einen schrecklichen Tod. Sie mussten in der Arena kämpfen, bis sie starben.

Dreizack oder „tridens"

Netz, um den Gegner zu fangen

„gladius", das Schwert des Gladiators

Schienen schützen die Beine

50 Die meisten Gladiatoren kämpften nicht freiwillig. Viele waren Kriegsgefangene oder Verbrecher. Sie wurden an Kampftrainer verkauft, die auch die Vorführungen organisierten. Gut ausgebildete Gladiatoren überlebten länger und boten den Zuschauern mehr Unterhaltung.

51 Gladiatoren kämpften gegeneinander und auch gegen wilde Tiere. Aus fernen Teilen des Reichs wurden wilde Tiere nach Rom gebracht, damit die Gladiatoren sie töteten. Aus Nordafrika holte man so viele Löwen, dass sie dort ausgestorben sind.

52 Das Kolosseum war für seine Zeit ein erstaunliches Gebäude. Es war eine große, ovale Arena mitten in Rom, die für Gladiatorenkämpfe und nachgestellte Seeschlachten benutzt wurde. Es wurde im Jahre 80 n. Chr. eröffnet und hatte 50 000 Sitzplätze. Es bestand aus Stein, Beton und Marmor und hatte 80 Eingänge. Seine Außenseite war mit Statuen berühmter Römer verziert.

Stützen für
den Baldachin

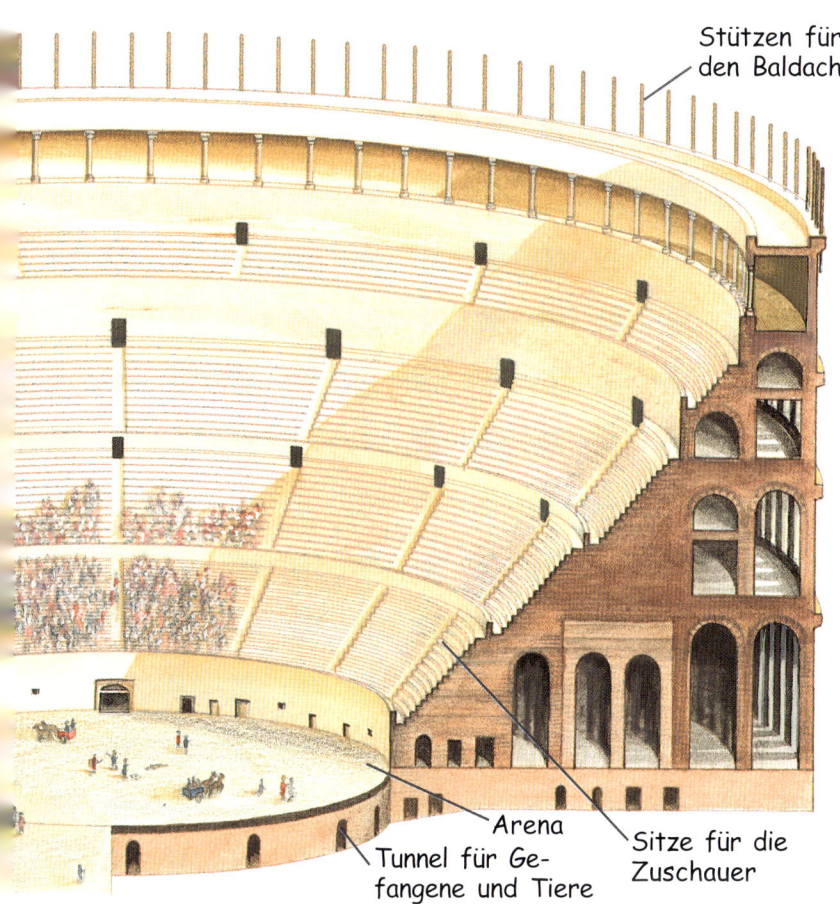

Arena

Tunnel für Ge-
fangene und Tiere

Sitze für die
Zuschauer

▲ Das Kolosseum war das größte
Amphitheater im Römischen Reich.

53 Manche Römer gingen lieber
zum Rennen. Pferde zogen schnelle
Wagen über Rennstrecken, die man
„circus" nannte. Die berühmteste Renn-
strecke war der Circus Maximus in Rom,
die Platz für 250 000 Zuschauer bot. An
manchen Tagen fanden 24 Rennen statt.
An einem Rennen nahmen 24 Wagen teil,
die sieben
Mal um die
ovale Bahn
fuhren. Das
war eine
Strecke von
8 Kilometern.

▲ Der Circus Maximus

54 Die Wagen stießen oft zusammen oder kippten um. Die Wagen-
lenker trugen scharfe Messer, um sich
aus den Trümmern freizuschneiden.
Trotzdem kamen viele ums Leben.

KAUM ZU GLAUBEN!

Manche Gladiatoren
waren so berühmt,
dass die Römer
sie in Graffiti auf
den Hauswänden
verewigten.

55 Bei den Rennen kam es
manchmal zu Tumulten. Die Lenker
bildeten vier Mannschaften: die Roten,
die Blauen, die Grünen und die Weißen.
Sie trugen Tuniken in den Mannschafts-
farben. Jede Mannschaft hatte begeisterte
– und brutale – Fans.

Die Regierung

56 **Anfangs wurde Rom von Königen regiert.** Nach der Legende wurde Romulus 753 v. Chr. erster König. Ihm folgten sechs grausame, ungerechte Herrscher. Der letzte, Tarquin der Stolze, wurde 509 v. Chr. gestürzt. Danach wurde Rom Republik, ein Staat ohne König. Jährlich wählten die Bürger ihre Regierung und zwei Konsuln, erfahrene Rechtsgelehrte, als Vorstand. Die Republik bestand mehr als 400 Jahre.

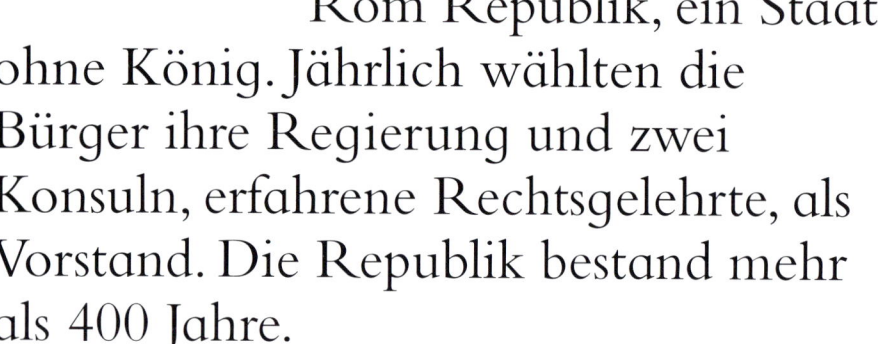

▲ Diese römische Münze zeigt Kaiser Constantin.

▲ Senatoren waren Männer aus führenden Bürgerfamilien, die der Republik als Richter oder Beamte gedient hatten. Sie erließen neu Gesetze und diskutierten Regierungspläne.

57 **Im Jahre 47 v. Chr. erklärte sich Julius Cäsar zum Diktator.** Das bedeutete, dass er für den Rest seines Lebens allein regieren wollte. Viele Bürger fürchteten, dass er wie die alten Könige herrschen und die Republik beenden würde. Im Jahre 44 v. Chr. wurde er von einer Gruppe politischer Gegner ermordet. Danach folgte ein langer Bürgerkrieg.

58 **Im Jahre 27 v. Chr. ergriff ein General namens Octavian die Macht in Rom.** Er nannte sich selbst „Erster Bürger" und versprach, dass er der Stadt wieder Frieden und eine gute Regierung bringen wolle. Er beendete den Bürgerkrieg und erließ viele neue Gesetze. Aber er veränderte auch die römische Regierung: Er nannte sich „Augustus" und wurde Roms erster Kaiser.

Von einer öffentlichen Galerie aus konnten die Menschen interessante Gerichtsverhandlungen beobachten.

Dies ist ein Anwalt, „advocatus" genannt. Bei komplizierten Fällen wurde er gerufen, um für den Angeklagten zu sprechen.

▲ Die ersten Regeln des römischen Rechtssystems wurden 450 v. Chr. auf den so genannten Zwölf Tafeln festgelegt. Viele moderne Rechtssysteme sind auf dieser Grundlage entwickelt worden.

Wenn sich ein Angeklagter weigerte, vor Gericht zu erscheinen, konnte er durch den Ankläger gezwungen werden. Dabei kam es manchmal zu Tumulten.

59 Die Römer waren stolz auf ihre Gesetze. Jeder – vom Kaiser bis zum Bettler – musste die Gesetze beachten. Die Gesetze waren hart, aber gerecht. Wenn einem Angeklagten nicht in offenem Prozess seine Schuld nachgewiesen werden konnte, galt er als unschuldig.

KAUM ZU GLAUBEN!

Manche römischen Kaiser waren verrückt und gefährlich. Es heißt, Kaiser Nero habe gelacht und Musik gemacht, als ein schreckliches Feuer große Teile der Stadt zerstörte.

Das Heer

60 **Als Soldat konnte man eine gute Karriere machen, wenn man überlebte.** Die römischen Soldaten wurden gut bezahlt und versorgt. Das Reich brauchte Truppen zur Verteidigung gegen feindliche Angriffe. Alle Soldaten wurden gut ausgebildet. Wenn jemand geschickt war, konnte er befördert werden und mehr Sold bekommen. Schied er nach 20 oder 25 Jahren aus der Armee aus, erhielt er Geld oder Land, damit er ein Geschäft beginnen konnte.

61 **In der römischen Armee dienten Bürger und „Helfer".** Römische Bürger gehörten der Armee an, die in Legionen von etwa 5000 Mann aufgeteilt war. Wer kein Bürger war, konnte dennoch für Rom kämpfen. Diese „Hilfssoldaten" waren in speziellen Legionen zusammengefasst.

62 **Römische Soldaten trugen drei Hauptwaffen.** Das waren Speer, Schwert und Dolch. Die Soldaten mussten sie selbst kaufen und pflegten sie gut – schließlich hing ihr Leben davon ab.

▼ Die Schilde benutzten die Soldaten als Schutzpanzer. Das ist die Schildkröten-Taktik oder „testudo".

64 **Die Armee rückte 30 Kilometer am Tag vor.** Wenn sie einen Aufstand niederschlagen mussten oder von einem Fort zum nächsten zogen, marschierten die Soldaten zügig auf geraden, gut gebauten Heerstraßen. Dabei trug jeder Soldat schweres Gepäck: Waffen und Rüstung, Werkzeuge zum Lagerbau, Kochgeschirr, getrocknete Lebensmittel und Ersatzkleidung.

63 **Soldaten brauchten viele Fähigkeiten.** In feindlichem Gebiet mussten sie alles organisieren, was sie zum Überleben brauchten. Wenn sie ankamen, bauten sie zuerst Zeltlager auf. Dann errichteten sie Festungen mit stabilen Wänden. Zu jeder Legion gehörten auch besondere Fachleute: Koch, Maurer, Zimmermann, Arzt, Schmied und Baumeister. Aber alle mussten kämpfen.

Schlafbaracken

Exerzierplatz

Tor

Schutzmauer

65 **Die Soldaten verehrten einen besonderen Gott.** In Festungen und Heerlagern errichteten sie Tempel, die dem Gott Mithras geweiht waren. Sie glaubten, dass er sie schützen und ihnen ein Leben nach dem Tod schenken würde.

▲ Der römische Gott Mithras zwingt einen Stier zu Boden.

Von Rom beherrscht

66 **Über 50 Millionen Menschen wurden von Rom regiert.** Kelten, Germanen, Iberer, Dakier und viele andere Völker lebten in Gebieten, die von der römischen Armee erobert worden waren. Sie sprachen verschiedene Sprachen und hatten unterschiedliche Sitten. Römische Gouverneure herrschten über sie, und sie mussten Steuern an Rom zahlen und römischen Gesetzen gehorchen.

▲ Ein römischer Steuereintreiber holt bei einem Bauern die Steuern ab.

67 **Einige Könige und Königinnen der eroberten Gebiete unterwarfen sich nicht.** Im Jahre 60 n. Chr. führte Boudicca, Königin des Stammes Iceni in Ostengland, eine Rebellion gegen die Römer an. Ihre Armee marschierte nach London und zündete die Stadt an, ehe sie von den Römern besiegt wurde. Boudicca überlebte die Schlacht, vergiftete sich dann aber, um nicht in römische Gefangenschaft zu geraten.

68 **Kleopatra verhinderte die Eroberung durch die Römer mit Charme und Schönheit.** Sie war die Königin Ägyptens in Nordafrika. Sie wusste, dass ihre Armee die Römer nicht besiegen konnte. Zwei römische Generäle verliebten sich in sie: Julius Cäsar und Marc Anton. Kleopatra konnte die Eroberung ihres Landes viele Jahre aufhalten, doch schließlich siegten die Römer.

▼ Ein Detail von der Trajanssäule zeigt römische Legionäre, die ein Schiff besteigen.

69 **Die Römer bauten Denkmäler, um ihre Siege zu feiern.** Trajan war ein berühmter Soldat und später römischer Kaiser (98-117 n. Chr.). Er führte das römische Heer 106 auf einem erfolgreichen Kriegszug in Dakien, dem heutigen Rumänien. Zur Erinnerung ließ er auf dem Forum eine große Steinsäule errichten, die heute als Trajanssäule bekannt ist. Sie ist fast 30 Meter hoch und zeigt 2500 Abbildungen von siegreichen römischen Soldaten.

▲ Die Trajanssäule

BEMALE DICH WIE EIN KELTISCHER KRIEGER

Die römischen Schreiber berichten, dass die keltischen Krieger Gesicht und Oberkörper mit Mustern bemalten, ehe sie in den Krieg zogen. Dafür verwendeten sie einen blauen Stoff aus der Pflanze Färberwaid. Sie glaubten, dass die magischen Muster sie schützen würden. Wenn du Faschingsschminke hast, bemale dich doch selbst einmal mit Furcht erregenden Mustern. Frag aber lieber vorher um Erlaubnis.

▲ Detail der Trajanssäule: Römische Soldaten bauen die Mauern eines neuen Forts.

Leben auf dem Land

70 **Rom brauchte die Bauern.** Zu römischer Zeit lebten viele Menschen als Bauern auf dem Land. Sie lieferten Nahrung, ohne die die Menschen in den Städten nicht überlebt hätten. Es gab kleine Bauernhöfe, die von einer Familie betrieben wurden, und große Güter, auf denen viele Sklaven arbeiteten.

71 **Erzeugnisse der Bauern wurden aus allen Gebieten des Reichs nach Rom gebracht.** Wolle und Honig kamen aus England, Wein aus Griechenland. Jedes Jahr wurden 400 000 Tonnen Weizen aus Ägypten über das Mittelmeer verschifft. Man mahlte es zu Mehl, um daraus Brot zu backen, das Grundnahrungsmittel der Römer.

72 **Die Bauern hatten keine großen Maschinen.** Schwere Arbeiten wurden mit Muskelkraft oder durch Tiere erledigt. Ochsen zogen die Pflüge. Männer und Frauen ernteten Getreide mit Sicheln und luden es von Hand auf Karren. Esel drehten Mühlräder zum Pressen von Oliven und zum Mahlen von Getreide. Sie zogen auch Wasser aus den Brunnen in die Höhe.

Bienenstöcke liefern Honig.

Trauben werden zertreten.

Besitzer des Bauernho[fs]

Weizen wird gedroschen.

Schafe
auf der Weide

Olivenpresse

Gemüsebeet

Arbeiter bei der
Getreideernte

Wein- und
Obstgarten

74 Die wertvollste Frucht war klein, schwarz und bitter. Sie wuchs an Bäumen. Oliven wurden in Salzwasser eingelegt und zu Brot und Käse gegessen. Man konnte auch Öl daraus pressen. Die Römer benutzten Olivenöl als Medizin, zum Kochen und Haltbarmachen von Lebensmitteln, zur Reinigung und Pflege der Haut und sogar zum Verbrennen in Lampen.

QUIZ

Stell dir vor, du bist ein römischer Bauer, der mit einem Städter redet. Wie beantwortest du seine Fragen?

Was baust du an?
Warum hältst du Ochsen?
Wer erntet dein Getreide?
Wie machst du Mehl aus dem Korn?
Warum baust du Oliven an?

73 Römische Trauben wuchsen in Bäumen. Die kletternden Reben, an denen die Trauben wachsen, wurden zwischen Obstbäume gepflanzt. Die Bäume stützten die Reben und spendeten Schatten, so dass die Trauben nicht vertrockneten. Trauben gehörten zu den wichtigsten Früchten der römischen Bauern. Man trocknete sie und aß sie als Rosinen, oder man stellte Wein daraus her.

Sklavenarbeit

75 **Die Bewohner Roms waren nicht gleichberechtigt.** In der Gesellschaft gab es verschiedene Klassen. Der wichtigste Unterschied bestand zwischen Sklaven und freien Römern. Das Gesetz gewährte den frei geborenen Männern und Frauen bestimmte Rechte. Sie durften sich ihre Arbeit selbst aussuchen und an andere Orte reisen. Römische Bürger durften auch Regierungsmitglieder wählen, und sie bekamen kostenlose Lebensmittel. Sklaven hatten fast gar keine Rechte. Sie gehörten ihren Besitzern wie Hunde oder Pferde.

▼ Auf dem Sklavenmarkt wurden Sklaven angeboten und gekauft. Sie konnten nicht weggehen oder sich eine Arbeit suchen. Man durfte sie grausam behandeln, vernachlässigen oder verschenken.

76 **Sklaven lernten die verschiedensten Arbeiten.** Sie taten alles, was der Besitzer verlangte – von Babypflege bis Feldarbeit. Viele Besitzer vertrauten ihren Sklaven und schätzten ihre Fähigkeiten. Einige Sklaven wurden angesehene Küchenmeister oder Ärzte.

77

Sklave wurde man auf verschiedene Weise. Manche waren Kriegsgefangene, andere waren Verbrecher, die zur Strafe zu Sklaven erklärt worden waren. Die Kinder von Sklaven waren ebenfalls Sklaven.

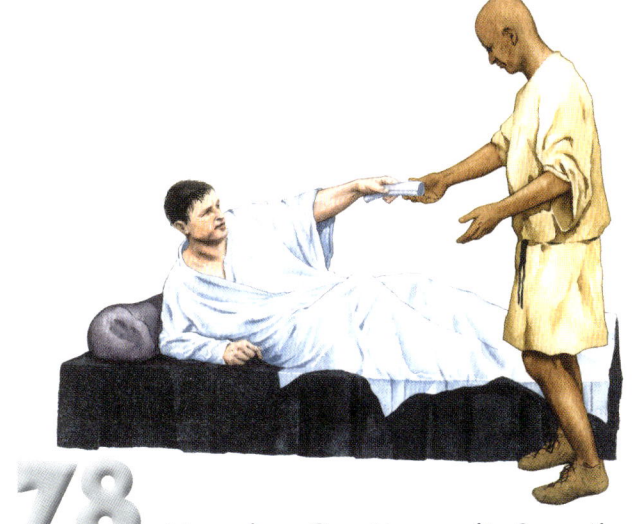

Die Sklaven wurden auf dem Markt ausgestellt, damit die Käufer wählen konnten.

78

Manche Besitzer ließen ihre Sklaven frei, beispielsweise zur Belohnung für lange, treue Dienste. Kranke oder sterbende Menschen gaben manchmal Anweisung, die Sklaven freizulassen, damit sie nicht zu einem anderen Besitzer kamen, der sie schlecht behandelte.

KAUM ZU GLAUBEN!

Von 73 v. Chr. bis 71 v. Chr. führte der Sklave Spartacus in Süditalien einen Aufstand an. Er floh in ein Versteck in den Bergen, und 90 000 Sklaven folgten ihm.

79

Manche Sklaven waren nach ihrer Freilassung sehr erfolgreich. Sie nutzten die Fähigkeiten, die sie erlernt hatten, um ein Geschäft zu eröffnen. Einige wurden sehr reich.

Wertvolles Wissen

80 Die Römer entwickelten viele neuartige Materialien und **Ideen.** Sie entdeckten den Beton, der viel billiger und einfacher zu verarbeiten war als massiver Naturstein. Sie stellten Ziegel aus gebranntem Ton her, die länger hielten als ungebrannte. Mit Hilfe von Bögen bauten sie stabile Mauern und Torwege. Sie bauten Kuppeln auf Gebäude, die zu groß für hölzerne Dachbalken waren.

▼ Die Römer waren große Baumeister und Architekten. Ihre Straßen und viele ihrer Gebäude haben mehr als 2000 Jahre überdauert.

81 Aquädukte beförderten jeden Tag 750 Millionen Liter Trinkwasser nach Rom. Durch Rohrleitungen wurde das Wasser zu öffentlichen Brunnen und in die Häuser reicher Bürger geleitet.

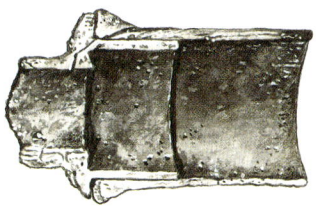
▲ Das ist ein römisches Ventil, durch das Wasser bergauf fließen konnte. Die öffentlichen Brunnen bestanden aus Stein.

KAUM ZU GLAUBEN!

Das Wort Plombe, das man auch für Zahnfüllungen benutzt, kommt vom lateinischen Wort „plumbum" für Blei. Aus diesem weichen, formbaren Metall machte man Wasserrohre.

82 Die Wasserversorgung der Römer war so gut, dass man erst nach 1800 ein besseres System entwickelte. Sie erfanden Pumpen mit Ventilen, durch die das Wasser bergauf floss. So gelangte es in Tanks, die über den Brunnen lagen.

84 Auch die besten Ärzte konnten ihre Patienten nicht immer heilen. Sie waren aber sehr geschickt im Nähen von Wunden und im Richten gebrochener Knochen.

83 Trotz ihres großen Wissens glaubten die Römer, dass Krankheiten durch Hexerei entstanden. Sie gaben den Hexen Geschenke und baten um Heilung oder Erlösung von einem Fluch. Sie besuchten auch Tempel und baten die Götter um Hilfe.

Gebete und Opfer

85 **Die Römer verehrten viele verschiedene Götter.** Der Göttervater Jupiter war der Beschützer der römischen Gebiete. Seine Frau Juno wurde von den verheirateten Frauen verehrt. Mars war der Kriegsgott, Venus die Göttin der Liebe. Die Mondgöttin Diana beschützte die jungen Mädchen und die wilden Tiere. Der Meeresgott Neptun schickte Erdbeben und Stürme. Vesta war die Göttin des Heims.

Jupiter, der Göttervater

Juno, die Göttermutter

Merkur, der Götterbote

Neptun, der Meeresgott

Mars, Kriegsgott

Venus, Göttin der Liebe

Dis (Pluto), Gott der Unterwelt

Minerva, Kriegsgöttin

Diana, Göttin des Mondes und der Jagd

Pan, Gott der Berge und Wiesen, der Schafe und Ziegen

86 **Der Römische Kaiser war zugleich oberster Priester.** Es gehörte zu seinen Regierungspflichten, Gebete zu sprechen und den Göttern, die die Stadt schützten, Opfer zu bringen. Er wurde „pontifex maximus" (oberster Brückenbauer) genannt, weil die Menschen glaubten, dass er die Verbindung zwischen den Menschen und den Göttern sei.

87

Die Familien brachten den Göttern jeden Tag Opfer. Sie stellten Essen, Wein und Weihrauch vor einen kleinen Altar in ihrem Haus. Dort standen auch Statuen der alten Götter, die man „lares" und „penates" nannte. Die „lares" waren die Geister der Vorfahren, die „penates" beschützten die Nahrung der Familie.

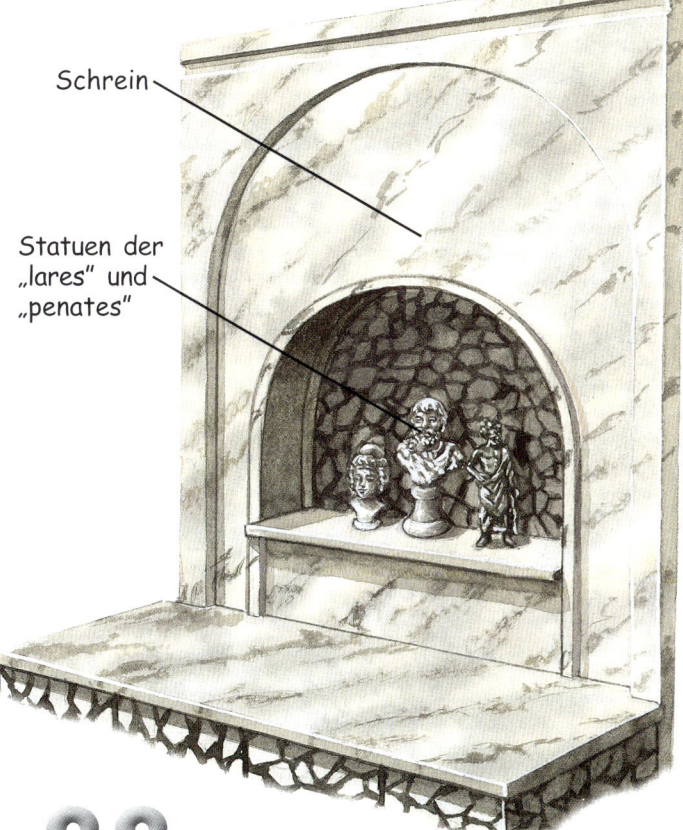

Schrein

Statuen der „lares" und „penates"

89

Römische Männer und Frauen baten die Götter, ihre Feinde zu verfluchen. Sie schrieben den Namen des Feindes und einige Flüche auf ein Stück Metall oder Ton und legten es in den Tempel. Sie hofften, dass die Götter es lesen und den Feinden Schaden zufügen würden.

90

Einige der ersten Christen der Welt lebten in Rom. Bis 313 n. Chr. war das Christentum im Römischen Reich jedoch verboten. Die Christen trafen sich heimlich in den Katakomben, unterirdischen Gängen, um Gottesdienste abzuhalten.

88

Die Römer waren sehr abergläubisch. Sie dekorierten ihre Häuser mit magischen Symbolen und hängten ihren Kindern Glücksbringer um den Hals. Sie glaubten, dass man durch Beobachtung der Tiere, Vögel, Insekten und des Wetters die Zukunft vorhersagen könne. Bienen galten als Zeichen von Glück und Reichtum, Eulen als Boten der Gefahr.

KAUM ZU GLAUBEN!

Nachdem ein Tier den Göttern geopfert worden war, untersuchte ein Priester, „haruspex" genannt, seine Leber. Wenn sie krank war, galt das als böses Omen.

In Bewegung

91 **Alle Wege führen nach Rom.** Die Stadt war das Zentrum eines Straßennetzes von über 85 000 Kilometer Länge. Die Straßen sollten abgelegene Gebiete mit der Hauptstadt verbinden, damit römische Soldaten und Beamte sie schnell erreichen konnten. Daher wählte man für die Straßen den kürzesten Weg: so gerade wie möglich.

92 **Roms erste Hauptstraße wurde 312 v. Chr. gebaut.** Es war die Via Appia, die von Rom zum Hafen Brundisium an der Südostküste Italiens führte. Hier kamen viele Reisende aus Griechenland an, und über diese Straße erreichten sie Rom viel schneller. „Via" ist das lateinische Wort für Straße.

▲ Auf der Karte ist das Römische Reich braun. Die Straßen, die die Römer bauten, sind schwarz.

93 **Manche römischen Straßen haben 2000 Jahre überdauert.** Die Straßen bestanden aus Erd- und Stein-schichten auf einem flachen, festen Fundament. Die Oberfläche bestand aus Steinplatten oder Kies. Zu den Rändern hin fiel sie ab, damit das Regenwasser schnell in die Gräben an den Seiten abfließen konnte.

Große Steinplatten

Abflussgraben

Die Straße wird genau abgesteckt.

Festes Fundament

94

Römische Baumeister benutzten Werkzeuge für die Landvermessung.
Sie zeichneten genaue Pläne und nahmen exakte Maße, bevor sie ein großes Bauvorhaben wie eine Stadtmauer oder eine Straße begannen.

▲ Mit einem „groma" messen diese Straßenbauer gerade Linien aus.

KAUM ZU GLAUBEN!

Ehe Römer auf eine lange Reise gingen, fragten sie gern einen Wahrsager oder Priester um Rat.

95

Arme Leute mussten zu Fuß gehen. Sie konnten es sich nicht leisten, ein Pferd, einen Esel oder einen gepolsterten Karren zu mieten, der von einem Ochsen gezogen wurde. Sie konnten froh sein, wenn sie von einem Bauernkarren mitgenommen wurden.

96

Die Straßen Roms waren überfüllt und sehr schmutzig. Reiche Römer ließen sich in Sänften, Liegen mit Vorhängen, auf den Schultern von Sklaven tragen. Einfache Leute umgingen den Müll auf erhöhten Trittsteinen.

97

Schwere Lasten wurden oft über das Wasser transportiert. Große Lastwagen gab es zur Zeit der Römer noch nicht. Die Schiffe wurden durch Segel und rudernde Sklaven angetrieben und beförderten Menschen und Frachten über Meere und Flüsse. Reisen über Wasser waren langsam und gefährlich.

▲ Den Schiffbau hatten die Römer von den Griechen gelernt. Sie waren aber kein Seefahrervolk und entwickelten keine verbesserten Modelle.

Rom wird ausgegraben

98 **Viele Spuren der Römer sind erhalten geblieben, die uns von dieser Zeit erzählen.** Archäologen haben überall im Römischen Reich die Reste von Bauten gefunden, darunter Paläste, Festungen, Mauern, Aquädukte, Tempel, Krankenhäuser, Theater und Wohnhäuser einfacher Familien. Auch Kunstwerke haben sie entdeckt, außerdem Gold- und Silbermünzen, Töpferwaren und zartes Glas sowie viele Werkzeuge und Haushaltsgegenstände, die römische Männer und Frauen im Alltag benutzten.

Kunstvolles römisches Mosaik

In diesen Lampen wurde Öl verbrannt.

Statuen zeigen, wie die Römer aussahen.

99 **Römische Entwürfe gibt es noch heute.** Bis zum 20. Jahrhundert wurden große und wichtige Gebäude gern im römischen Stil gebaut und verziert. Die Architekten meinten, dass dieser Stil Respekt einflöße. Darum gibt es in vielen großen Städten Europas, Amerikas und anderer Gebiete Kirchen, Museen, Kunstgalerien, Schulen und sogar Banken, die wie römische Tempel oder Villen aussehen.

Römische Töpferwaren

Römische Münzen zeigen Kaiser oder andere wichtige Personen der jeweiligen Zeit.

Die Römer liebten edlen Schmuck und kostbare Juwelen.

100 Noch heute haben viele Menschen römische Namen oder Namen, die von lateinischen Wörtern abgeleitet sind.

Hier sind einige Beispiele: Amanda (die Liebenswerte), Diana (Mondgöttin), Venus (Göttin der Liebe), Patrizia (die Edle), Laura (Lorbeerbaum), Virginia (Jungfrau), Julius (römischer Familienname), Anton (römischer Familienname), Martin (Kriegsgott), Markus (Kriegsgott), Viktor (Sieger), Vincent (Eroberer).

▲ Archäologen graben Ruinen aus der Römerzeit aus. Ihre Funde helfen uns, mehr über das Leben der Römer zu erfahren.

Register

AB

Aberglaube 43
Abwassersystem 9
Altäre **43**
Aquädukt **9**, 40
Armee **32–33**
Ärzte und Krankheiten 41
Augustus, Kaiser **30**
Ausgrabungen **46**
Baden **24–25**
Bäder von Caracalla 24
Bäder, öffentliche **24–25**
Barbier 23
Bauern **36–37**
Baumaterialien 40, 46
Beton 40
Bibliotheken 17
Boudicca, Königin **34**
Brunnen 9, 10, 40, **41**
Bürger 32, 38
Bürgerkrieg 30

CDE

Caracalla, Bäder von 24
Cäsar, Julius **30**, 34
Christen 43
Circus Maximus **29**
Cloaca Maxima 9
Denkmäler 35
Diktator 30
Ehen, abgesprochene 19
Einkaufen **12–13**

F

Familie **18–19**, 25, 43
Färberwaid 21, 35
Feiern **15**
Festungen **33, 35**
Feuerwehr **11**
Flüche 43
Forum **9**, 35, 42
Frisuren **22**, 23
Fußbodenheizung **11**

GHI

Getränke 14, 15
Gladiatoren **26**, 27
Götter 33, 41, **42**, 43
Handel 13
Häuser **10**, 15, 18, 43
Haustiere **19**

Hexerei 41
Hilfssoldaten 32
Hochzeit **19**
Imbiss-Stände 15
Imperium 6, 44
insulae 10

JKL

Jungen 16, 19
Kaiser 30, 31, 42
Kämme **23**
keltische Krieger **21**, 35
Klassen, soziale 8, 38
Kleidung **20–21**
Kleopatra, Königin **34**
Könige 30
Kolosseum **28**
Konsuln 30
Krankheiten und Ärzte 41
Kriegsbemalung **21**, 35
Landhaus 10
Lateinische Sprache 17
Legionen 32, 33, **35**
Lesen 17
Löwen **28**
Lupercalia 19
Lyra **16**, 26

MN

Mädchen 16, 19
Make-up 23, 22
Mark Anton 34
Mosaiken 10, **11, 47**
Musikinstrumente 26
Mutter 16, 18
Nahrung **14**, 15, 36
Namen, römische 47
Nero, Kaiser 31

OP

Octavian **30**
Öffentliche Bäder **24–25**
Oliven 37
Ostia 10
Pantomime 26
Papyrus-Rollen **17**
Parfüm 23
pater familias 18
Plebejer 8
Pontifex Maximus 42
popinae 15

QR

Rasen 31
Regierung 9, 20, 30
Rennen 29
Republik 30
Romulus 30

S

Sandalen **21**
Sänfte **45**
Schauspieler **27**
    Masken **27**
Schiffe **45**
Schildkröte **32**
Schreiben 17
Schuhe 21
Schule **16**
Senatoren **30**
Sklaven 8, 11, **16**, 18, **38–39**
Soldaten **9, 32, 33**
Spartacus 39
Spiele **27, 28–29**
Stadt **6–7**
    Bewohner 8
Stadthaus 10
Straßen 33, **44**
Straßenmusikanten 26

TU

Tempel 33, 41, 42
testudo **32**
Theater **26**, 27
Tiere, wilde **28**
Tinte **17**
Toga 20, 21
Toiletten, öffentliche 9
Trajan / Trajanssäule 35
Trajansmarkt **12–13**
Trauben 37

VWXYZ

Vater 18
Ventil 41
Via Appia 44
Wachstafeln **17**
Waffen 32
Wagenrennen **29**
Wasserversorgung 9, 41
Wilde Tiere **28**
Wohnblocks **10**
Ziegelsteine 4